全国职业院校智能网联汽车新形态工作手册式教材
全国技工院校智能网联汽车工学一体化教材

智能网联汽车
电控系统检修习题册

主　编　姜丽娟

中国劳动社会保障出版社

简介

本习题册是全国职业院校智能网联汽车新形态工作手册式教材 / 全国技工院校智能网联汽车工学一体化教材《智能网联汽车电控系统检修》的配套用书。习题册内容紧扣教材的教学要求，注重基础知识的巩固和基本能力的培养，知识点分布均衡，题型丰富，难易适当，有助于学生复习巩固所学知识。

本习题册由姜丽娟任主编，许约翰、高益明、章潇宇参与编写。

图书在版编目（CIP）数据

智能网联汽车电控系统检修习题册 / 姜丽娟主编 . -- 北京：中国劳动社会保障出版社，2024

全国职业院校智能网联汽车新形态工作手册式教材　全国技工院校智能网联汽车工学一体化教材

ISBN 978-7-5167-6323-0

Ⅰ. ①智…　Ⅱ. ①姜…　Ⅲ. ①汽车 – 智能通信网 – 电气控制系统 – 车辆检修 – 职业教育 – 教材　Ⅳ. ①U463.67

中国国家版本馆 CIP 数据核字（2024）第 049840 号

中国劳动社会保障出版社出版发行

（北京市惠新东街 1 号　邮政编码：100029）

*

保定市中画美凯印刷有限公司印刷装订　　新华书店经销

787 毫米 × 1092 毫米　16 开本　5.5 印张　84 千字

2024 年 3 月第 1 版　　2024 年 3 月第 1 次印刷

定价：14.00 元

营销中心电话：400-606-6496

出版社网址：http://www.class.com.cn

http://jg.class.com.cn

Contents 目录

情境一
动力电控系统检修

任务一　电源管理系统检修

一、填空题

1. 电源管理系统主要包括____________、____________、____________、____________等功能。

2. 蓄电池管理主要负责蓄电池的诊断，它通过传感器持续监测蓄电池的________、________和__________。

3. 蓄电池管理将数据发送给控制器进行计算，得出蓄电池当前的__________和__________，并对后续状态进行预测。

4. 当发动机提高怠速转速到一定值，从而提高发电机的输出电流，以保证电气负载的______________和__________________。

5. 电源管理系统是监测________________和________________，控制各电气设备用电，优化发电机工作相关控制器、传感器、执行器及控制系统的总称。

6. 电源管理系统主要由____________、____________、____________、__________________、____________________和____________等部件组成。

7. 作为主要电源，蓄电池有发动机______________、________________和在__________________时作为替代电源三项功能。

8. 电流传感器将信号输入到电源管理控制单元中，由此计算蓄电池的_______________________、________________及______________。

9. 电源管理控制单元主要执行监测蓄电池电压并判定蓄电池的状态，通过提高

______________和______________进行校正和诊断，并提醒驾驶员等功能。

10. 点火开关置于接通位置时，电源管理控制单元根据________________、______________和______________，持续估算充电状态。

二、选择题

1. 当发电机产生的电能超过用电设备的需求时，调节发电机的（　　），向蓄电池供电，使其达到最佳充电状态。

A. 输出电压　　B. 输入电流

C. 输入电压　　D. 输出电流

2. 通常，在蓄电池标签上会注明（　　）和额定容量两个重要参数。

A. 额定电压　　B. 额定冷启动电流

C. 额定功率　　D. 蓄电池内阻

3. 发动机启动后，（　　）通过控制脉冲宽度来改变励磁电流，调节发电机输出电压，使蓄电池正常充电。

A. 电流传感器　　B. 电压传感器

C. 电压调节器　　D. 电流调节器

4. 电源管理模块使用（　　）信号输入来确定发电机负载，向电压调节器提供一个占空比调节的电压，从而控制电压调节器接通和断开磁场电路。

A. 直流　　B. 交流　　C. 频率调制　　D. 脉冲宽度调制

5. 电流传感器与蓄电池负极电缆连接，用于监测蓄电池的（　　）。

A. 电流　　B. 电压　　C. 电阻　　D. 功率

6. 若蓄电池的性能状态（　　）规定的阈值，电源管理系统就会发送相关报警信息。

A. 高于　　B. 等于　　C. 低于　　D. 以上都不对

7. 当发电机转子旋转时，定子线圈产生（　　）。

A. 交流电　　B. 直流电　　C. 磁场　　D. 温度

8. 电源管理控制单元通过（　　）连接数据总线控制单元和交流发电机。

A. LIN 总线　　　　B. 硬线

C. CAN 线　　　　D. 以太网

9. 电源管理系统可以存储蓄电池更换的最后（　　）次数据。

A. 1　　B. 2　　C. 3　　D. 4

10. 电源管理控制单元识别到（　　）状态时，所记录的数据为临界能量平衡数据。

A. 车辆无法启动　　　　B. 车辆正常行驶

C. 车辆熄火　　　　D. 车辆怠速

三、判断题

1. 电源管理控制单元可用于执行电压调节控制，以改善蓄电池的充电状态和使用寿命。（　　）

2. 电源管理系统出现故障时，车辆启动性能变差。（　　）

3. 电源管理控制单元可接收电流传感器所监测的蓄电池电压信号。（　　）

4. 根据对蓄电池的剩余电量状态和电压的监控，电源管理系统会逐步打开某些用电设备，从而保持汽车的启动性能，并延长蓄电池的使用寿命。（　　）

5. 动态电能管理通过测量电气系统电压、蓄电池电流和发电机的负载情况，来调节蓄电池、加热系统、发电机、发动机的工况。（　　）

6. 电流传感器及相关电路损坏后，仍能用于监测蓄电池充放电情况。（　　）

7. 电源管理控制单元供电电路断路，会导致电源管理控制单元不能工作。（　　）

8. 电气系统控制出现故障后，仍能执行电源管理系统相关指令。（　　）

9. 电源管理系统不能直接影响车辆的启动性能和蓄电池的使用寿命。（　　）

10. 蓄电池静态电压低于 11.5 V 时，蓄电池处于非再生范围，较长时间的低压会导致蓄电池损坏。（　　）

四、简答题

1. 电源管理系统的故障现象有哪些?

2. 简述蓄电池管理系统的作用。

3. 简述电源管理系统的工作原理。

4. 电源管理系统功能失效的原因有哪些?

任务二　燃油供给系统检修

一、填空题

1. 燃油供给系统的功能是根据发动机的______________________，将适量的燃油适时地输送至发动机的___________________。

2. 汽油机燃油供给系统主要分为____________________、____________________和________________________，柴油机燃油供给系统主要采用______________________。

3. 歧管喷射燃油供给系统主要应用在__________________汽油发动机上，主要由油箱、燃油泵滤清器、__________________、压力调节器、__________________、燃油分配器、脉动缓冲器、__________________和输送管等组成。

4. 缸内直喷燃油供给系统主要由低压燃油泵、________________________、燃油滤清器、________________、____________________、高压油轨和______________等组成。

5. 在发动机__________________工况下使用歧管喷射，在______________工况下

歧管喷射和缸内直喷两套喷射系统同时启动，在________________工况下采用缸内直喷供油的方式。

6. 燃油压力分为________________、________________、________________和____________________四种。

7. 高压共轨燃油供给系统主要由______________、齿轮泵、________________、柴油预滤器、________________、________________和______________等组成。

二、选择题

1. 燃油管内的燃油压力须由（　　）和脉冲缓冲器进行调节，以保持稳定的燃油喷射。

A. 燃油压力传感器　　B. 压力调节器

C. 高压油泵　　D. 主燃油阀

2. 表示燃油压力时，1 bar 等于（　　）MPa。

A. 0.01　　B. 0.1　　C. 1　　D. 10

3. 缸内直喷系统中的燃油泵控制单元使用（　　）信号来控制电动燃油泵。

A. 脉冲宽度调制　　B. 直流

C. 交变　　D. 模拟

4. 为了提高燃油喷射系统的精度、速度和可靠性，可以采用（　　）的燃油供给系统。

A. 歧管喷射　　B. 缸内直喷　　C. 混合喷射　　D. 以上都不对

5. 齿轮泵通常属于（　　）油泵。

A. 低压　　B. 中压　　C. 高压　　D. 超高压

6. 保持油压是指发动机停机 5 min 后的油压，标准值为 98 kPa 或更高。保持油压若不符合规定，则应检查相关器件，与（　　）无关。

A. 燃油泵总成　　B. 主燃油阀总成

C. 喷油器总成　　D. 燃油滤清器

7. 检测燃油系统高压侧油压时，启动发动机暖机至 75 ℃或更高，关闭空调系统，将发动机转速保持在（　　）r/min，再用故障诊断仪读取发动机燃油供给系统高压侧油压。

A. 800　　B. 1 000　　C. 2 000　　D. 3 000

8. 发动机正常启动并运行一定时间后，转速逐渐降低，抖动逐渐加大，会自然熄火，重新启动发动机，但启动困难，甚至无法启动，可能的原因是（　　）故障。

A. 点火控制系统　　B. 燃油供给系统

C. 发动机电子控制单元（ECU）　　D. 机械系统

9. 高压共轨燃油供给系统是指高压油泵、压力传感器和 ECU 组成的（　　）。

A. 开环系统　　B. 闭环系统　　C. 控制系统　　D. 以上都不对

10. 检测油压时，燃油压力表一般安装在（　　）。

A. 燃油滤清器前　　B. 燃油泵出油口处

C. 燃油管分总成进口处　　D. 燃油压力调节阀后

三、判断题

1. 与歧管喷射燃油供给系统相比，缸内直喷燃油供给系统只增加了一个高压燃油泵。（　　）

2. 高压燃油泵通常是用螺栓固定在气缸盖上，由排气凸轮轴末端一双凸轮进行驱动。（　　）

3. 混合喷射燃油供给系统解决了传统歧管喷射发动机进气道、燃烧室积炭现象和排放性不佳的劣势。（　　）

4. 所有燃油供给系统中都有高压油泵，经过高压油泵后，燃油压力从低压变为高压。（　　）

5. 燃油压力是燃油供给系统的唯一性能参数。（　　）

6. 怠速油压小于标准值，则应检查燃油软管及其连接情况、燃油泵、燃油滤清器和主燃油阀总成。（　　）

7. 燃油压力检测作业中可断开蓄电池的任意极桩接头。 ( )

8. 燃油供给系统常见的故障主要是燃油压力偏低。 ( )

9. 用故障诊断仪执行燃油泵动作测试，如果低压燃油泵没有运转声音，说明低压燃油泵控制单元及其控制电路有故障。 ( )

10. 打开点火开关后，可以在燃油泵供电端子与搭铁之间测出 12 V 电压。 ( )

四、简答题

1. 简述燃油泵控制的工作原理。

2. 如何检查燃油泵的运行情况？

3. 导致燃油压力不足的可能原因有哪些?

任务三　点火控制系统检修

一、填空题

1. 汽油发动机正常工作须具备三要素，分别是________________、________________和________________。

2. 数字式电控点火控制系统主要由________________、________________和________________组成。

3. 点火线圈有________________、________________和________________三种类型。

4. 点火线圈以________________、________________、________________为基本构成，各层间罐封确保绝缘的________________材料。

5. 火花塞主要由端子、________________、电阻、________________、绝缘

管、____________和____________等组成。

6. 曲轴位置传感器按类型不同可以分为____________、____________和____________三种。

7. 汽车上常见的爆震传感器有____________和____________两种形式。

8. 点火控制系统故障原因分析主要有____________、____________、____________及控制电路故障和____________损坏。

9. 一般情况下，可燃混合气越________，应减小点火正时；发动机转速越________，应增大点火正时；发动机负荷越________，应减少点火正时。

二、选择题

1. 以下属于微处理器控制的点火控制系统中的执行器的是（　　）。

A. 点火线圈　　B. 喷油器

C. 发动机电子控制单元（ECU）　　D. 空气流量计

2. 以下不属于微处理器控制的点火控制系统中的传感器的是（　　）。

A. 曲轴位置传感器　　B. 凸轮轴位置传感器

C. 爆震传感器　　D. 火花塞

3. （　　）是将 12 V 电源电压转换成火花塞点火所需电压的一种变压器。

A. 点火线圈　　B. 火花塞

C. 发动机电子控制单元（ECU）　　D. 曲轴位置传感器

4. 当前应用较为广泛的点火线圈的类型是（　　）。

A. 整体式　　B. 分体式　　C. 独立式　　D. 以上都不对

5. （　　）将高压电引入燃烧室，击穿电极间隙而产生电火花，点燃气缸内已压缩的可燃混合气。

A. 点火线圈　　B. 火花塞

C. 喷油器　　D. 发动机电子控制单元（ECU）

6. 火花塞的放电性能与电极形状密切相关，（　　）电极放电困难。

A. 圆形　　B. 方形　　C. 尖形　　D. 双头

7. 火花塞的电极间隙一般为（　　）mm。

A. 0.5 ~ 0.6　　B. 0.6 ~ 0.9　　C. 0.9 ~ 1.1　　D. 1.2 ~ 1.5

8. 以下（　　）式传感器发出的信号不是方波信号。

A. 磁感应　　B. 霍尔　　C. 光电　　D. 以上都不对

9. 爆震传感器一旦检测到爆震发生，发动机电子控制单元（ECU）就会逐步（　　）点火直至爆震消失。

A. 提前　　B. 延迟　　C. 不变　　D. 以上都不对

10. 一般情况下，发动机最大燃烧爆发力发生在（　　）时，热能可以最有效地转化为推动力。

A. 压缩上止点前 10°　　B. 压缩上止点

C. 压缩上止点后 10°　　D. 以上都不对

三、判断题

1. 点火控制系统是汽油发动机的重要组成部分，负责在初始点火时刻，产生强烈的电火花去点燃压缩后的可燃混合气。（　　）

2. 初级线圈的磁场消失速度越快，电流断开瞬间的电流越大，两个线圈的匝数比越小，则次级线圈感应出来的电压越高。（　　）

3. 火花塞的电极越细越尖，越容易产生电火花，且使用寿命较长。（　　）

4. 曲轴位置传感器发生故障会导致发动机不点火和不喷油。（　　）

5. 磁感应式传感器结构简单，且不需要外加电源。（　　）

6. 磁感应式传感器与信号轮凸齿间隙越大，感应线圈输出的信号电压就越大。（　　）

7. 一般情况下，磁感应式传感器为两线制，霍尔式传感器为三线制。（　　）

8. 霍尔式传感器的信号电压的大小不会随着转速的变化而变化。（　　）

9. 爆震是汽油机燃烧室中末端混合气自燃所引起的一种正常燃烧现象。（ ）

10. 凸轮轴位置传感器及控制电路故障一定会导致火花塞不点火而没有任何启动的征兆。（ ）

四、简答题

1. 为什么要定期更换汽油机的火花塞?

2. 简述霍尔式传感器的工作原理。

3. 简述点火控制系统的工作原理。

4. 简述点火控制系统的初步检查方法。

任务四　进气控制系统检修

一、填空题

1. 进气控制系统主要由空气滤清器、________________、

__________、进气管、进气室、__________和________________等部件组成。

2. 空气流量计的作用是向发动机电子控制单元（ECU）提供__________信号，以供发动机电子控制单元（ECU）确定__________________和____________________。

3. 常用的空气流量计包括__________、________和__________等。

4. 电子节气门是汽车发动机的重要控制部件，由________________、______________和_______等构成。

5. 常用的节气门位置传感器包括______________、________________和___________等类型。

6. 进气温度升高时，混合气偏______，发动机转速通常也相应______；进气温度降低时，混合气偏_____，发动机转速通常也相应______。

7. 常用涡轮增压器的类型有______________和______________两种。

8. 涡轮增压器是利用发动机排出的________________来推动涡轮室内的涡轮，________又带动同轴的________，叶轮压缩由空气滤清器管道送来的空气，使之增压进入气缸。

二、选择题

1.（　　）信号不是决定发动机喷油的基本信号。

A. 曲轴位置传感器　　B. 空气流量计

C. 歧管压力传感器　　D. 进气温度传感器

2. 以下用于检测节气门开度信号的传感器是（　　）传感器。

A. 凸轮轴位置　　B. 加速踏板位置

C. 节气门位置　　D. 进气歧管绝对压力

3. 以下发动机的控制系统中不能成为闭环系统的是（　　）系统。

A. 电子控制燃油喷射　　B. 点火控制

C. 电子节气门控制　　　　D. 电子稳定

4. 带有涡轮增压发动机的汽车尾部一般会有字母“(　　)”的标识。

A. AT　　B. T　　C. FSI　　D. VTC

5. 以下不是涡轮增压发动机的优点的是（　　）。

A. 增加输出功率　　　　B. 提高热效率

C. 降低燃油消耗率　　　　D. 成本低

6. 当节气门开度改变时，使用数字万用表检测进气歧管绝对压力传感器信号电压，观察信号电压应（　　）。

A. 在 0 ~ 1 V 之间　　　　B. 在 0 ~ 5 V 之间

C. 在 0 ~ 5 V 之间连续变化　　　　D. 相对固定

7. 发动机启动困难、加速无力、怠速不稳、容易熄火的故障原因是（　　）及线路故障。

A. 进气歧管绝对压力传感器　　　　B. 节气门位置传感器

C. 空气流量计　　　　D. 进气温度传感器

8.（　　）不是由发动机电子控制模块（ECM）提供的电压（VC 电压）作为传感器的电源电压。

A. 磁感应传感器　　　　B. 节气门传感器

C. 空气流量计　　　　D. 霍尔传感器

9. 在车辆行驶过程中，将加速踏板踩到底，当车速到达 100 km/h 左右时，发动机故障指示灯就会点亮，不可能的原因是（　　）。

A. 加速踏板位置传感器滑动触点接触不良

B. 节气门位置传感器滑动触点接触不良

C. 涡轮增压器增压压力过高或过低

D. 发动机故障指示灯线路断路

10. 进气温度传感器常采用（　　）的热敏电阻。

A. 正温度系数　　　　B. 负温度系数

C. 以上两种都对　　　　D. 以上两种都不对

三、判断题

1. 进气控制系统的功用是利用电控装置，根据负荷变化为发动机输送清洁、干燥、充足而稳定的空气，以满足发动机不同工况对进气量的需求。（　　）

2. 空气流量计的损坏会导致发动机出现怠速不稳、抖动、加速无力、立即熄火等故障现象。（　　）

3. 热模式空气流量计与热线式空气流量计的工作原理和发热体都一样。（　　）

4. 空气流量计安装在空气滤清器后电子节气门前的进气管上。（　　）

5. 进气歧管绝对压力传感器安装在电子节气门后的进气管上。（　　）

6. 进气歧管绝对压力传感器是利用发动机工作时歧管内真空度的变化检查进气量的。（　　）

7. 线性输出型节气门位置传感器比开关量式节气门位置传感器的测量精度要低。（　　）

8. 发动机电子控制单元（ECU）会根据进气温度的变化，修正混合气浓度和点火提前角，以维持可燃混合气在理论空燃比附近。（　　）

9. 加速踏板位置传感器与节气门位置传感器一般都成对使用，主要用于相互监测工作情况。（　　）

四、简答题

1. 简述电控发动机进气控制系统的工作原理。

2. 简述电子节气门控制系统的工作原理。

3. 简述节气门位置传感器常见故障的排除方法。

任务五　排放控制系统检修

一、填空题

1. 汽车尾气排放的污染物包括____________、____________、____________和碳烟等有害气体。

2. ________是汽油机尾气中有害成分浓度最大的物质。

3. 汽油主要由________和________组成。

4. 氧传感器主要分为________________和________________式两种类型。

5. 氧传感器检测排气中的____________________并将信号反馈给 ECU，ECU 再决定喷油器的____________________。

6. 二次空气供给有____________________和__________________两种方法。

7. 汽车上采用的发动机排放控制系统主要有______________、______________、____________、排气催化净化系统、空燃比反馈控制系统和二次空气供给系统等。

8. 在废气再循环控制系统中，ECU 通过改变占空比来调节 EGR 阀的____________，从而改变 EGR 阀的开启高度。

9. 三元催化剂是________和________等贵重金属的混合物。

10. 氧化锆式传感器内表面与______________相通。

二、选择题

1. 柴油机排放的主要有害成分是（　　）。

A. NO_x、HC　　B. NO_x、PM　　C. PM、CO　　D. NO_x、CO

2. 字母“（　　）”表示废气再循环控制系统。

A. EGR　　B. PCV　　C. EVAP　　D. ECU

3. 自 2023 年 7 月 1 日起，所有销售和注册登记的轻型汽车应符合（　　）标准。

A. 国五　　B. 国四　　C. 国 6a　　D. 国 6b

4. 以下具备活性炭罐的排放控制系统是（　　）。

A. 二次空气供给系统　　B. PCV

C. EVAP　　D. 空燃比反馈控制

5. 针对怠速不稳，油耗大，排放超标的故障现象，其故障原因是（　　）故障。

A. PCV 阀　　B. EGR 阀

C. 催化转化器　　D. 氧传感器

6.（　　）不是三元催化转换器作用后的气体。

A. H_2O　　B. CO_2　　C. CO　　D. N_2

7.（　　）能检测出三元催化转换器作用效果是否正常。

A. 后氧传感器　　B. ECU

C. 前氧传感器　　D. 空气流量计

8. 用汽车尾气分析仪进行尾气测量时，取样探头须插入排气管内（　　）mm。

A. 400　　B. 450　　C. 500　　D. 550

9. 汽车尾气中的 PM 代表（　　）。

A. 碳氢化合物总量　　B. 颗粒物

C. 非甲烷烃　　D. 氮氧化合物

10.（　　）不属于三元催化转换器表面涂层中含有的氧化物。

A. Al_2O_3　　B. CeO_2　　C. ZRO_2　　D. H_2O

三、判断题

1. 汽车尾气分析仪不需要暖机预热。（　　）

2. 曲轴箱强制通风系统的主要作用是收集汽油箱蒸发出来的汽油蒸气，并将汽油蒸气导入发动机内燃烧。（　　）

3. 柴油车国 6a 标准中的 CO 排放量比国五标准中的 CO 排放量低 300 g/km。（　　）

4. 电驱动型废气再循环（EGR）系统控制精度高于真空驱动型 EGR 系统。（　　）

5. 氧传感器的功用是通过监测排气中氧离子的含量来获得混合气的空燃比信号，并将该信号转化为电信号输入 ECU。（　　）

6. 测量高怠速下的排放时，取样时间为 15 s。（　　）

7. 氧传感器的信号电压在 0.1 ～ 0.9 V 之间波动，正常值为 0.45 V。（　　）

8. 曲轴箱强制通风（PCV）系统故障会导致无怠速或怠速不稳等故障出现。（　　）

9. 丰田卡罗拉的前氧传感器故障，会导致车辆无法启动。（　　）

10. PCV 阀是单向阀。（　　）

四、简答题

1. 简述空燃比反馈控制的工作原理。

2. 简述汽车尾气排放的检测步骤。

3. 简述电磁阀真空驱动型 EGR 系统的工作原理。

任务六　混合动力控制系统检修

一、填空题

1. 根据混合动力基本结构情况，混合动力驱动分为__________、__________和__________三种。

2. 完全混合动力驱动是将一台大功率________与________组合在一起，可以以纯电动方式来驱动车辆行驶。

3. 完全混合动力驱动根据电机与发动机组合形式不同，可分为________、________、________和________四种。

4. 混合动力控制系统主要由________、________、________、电源电缆、________、混合动力传动桥、________和带电机的压缩机总成（带逆变器）等组成。

5. 逆变器将____________转换为电机工作所需的_______________，并将发电机产生的交流电转换为直流电以对动力蓄电池充电。

6. 动力管理控制 ECU（HV CPU）由用于______________________________与_______________________________集成为一体。

7. 混合动力车辆行驶模式通常有_________________、_________________、___________________和___________________四种。

8. 技师如果忘记拆下维修开关并在高压区域作业，则拆下带转换器的逆变器总成盖时将通过____________断开系统主继电器。

9. 微混合动力驱动的电动部件（启动机 / 发电机）只是用来执行______________、________________功能。

10. 并联式混合动力控制系统的___________、___________和___________装在同一根轴上。

二、选择题

1. 分支式混合动力控制系统除了有发动机外，还有一个电机，两者都安装在（　　）上。

A. 前桥　　B. 后桥　　C. 发动机　　D. 变速器

2. 动力蓄电池总成存储发电机的发电量，向带转换器的逆变器总成供电，进而驱动（　　）。

A. 电机　　B. DC/DC 变换器　　C. 变速器　　D. 差速器

3. 在环保模式下，通过适度（　　）为响应加速踏板操作而产生的原动力，可以优化燃油经济性和行驶性能。

A. 增加　　B. 减小　　C. 先减小再增加　　D. 先增加再减小

4. 动力管理控制 ECU（HV CPU）通过安装在逆变器内的（　　）传感器检测是否产生三相交流电并确认检测结果。

A. 直流电压　　B. 交流电压　　C. 直流电流　　D. 交流电流

5. 动力管理控制 ECU（HV CPU）可控制 DC/DC 变换器的输出（　　）。

A. 电阻　　B. 电流　　C. 电压　　D. 频率

6. 分支式串联混合动力控制系统有一个发动机和（　　）个电机。

A. 1　　B. 2　　C. 3　　D. 4

7. 混合动力传动桥内有发电机（MG1）和电机（MG2），发电机（MG1）利用（　　）动力发电。

A. DC/DC 变换器　　B. 起动机　　C. 发动机　　D. 变速器

8. 在混合动力控制系统车辆上设置了很多安全警示标签，（　　）色标签表示高压部件就安装在附近或者在盖板下隐藏着。

A. 绿　　B. 红　　C. 黄　　D. 蓝

9. 动力管理系统接收到（　　）信号时不会接通或切断系统继电器。

A. 制动　　B. 碰撞　　C. 气囊传感器　　D. 互锁

10.（　　）不会导致高压互锁被激活。

A. 维修开关　　B. 带转换器的逆变器总成盖

C. 带转换器的逆变器总成高压电缆　　D. ABS

三、判断题

1. 微混合动力驱动在制动时不能作为电能使用。（　　）

2. 中混合动力驱动在技术上和部件方面与完全混合动力驱动都是不一样的。（　　）

3. 并联式混合动力控制系统的发动机和电机相加，即为总功率。（　　）

4. DC/DC 变换器降低动力蓄电池电压以对电气零部件供电，并对动力蓄电池再充电。（　　）

5. 带电机的压缩机总成（带逆变器）通过动力蓄电池的电源进行工作。（　　）

6. 在 EV 驱动模式下，电机 MG2 驱动车辆，这不仅可以减小噪声、降低排放，还可以享受电动车辆模式下的驾乘乐趣。（　　）

7. 在 EV 驱动模式下，车辆依然使用燃油发动机驱动。（　　）

8. 根据动力管理控制 ECU（HV CPU）的再生制动执行值，可以通过液压制动补充短缺的制动力。（　　）

9. 动力管理控制 ECU（HV CPU）利用频率控制动力蓄电池冷却鼓风机的转速，使动力蓄电池的温度保持在适当范围内。（　　）

10. 混合动力控制系统存在高电压，若人员操作不当可能会导致被电击、电伤或引起设备损坏。（　　）

四、简答题

1. 检查混合动力控制系统时应遵循哪些安全注意事项？

2. 什么是串联式混合动力控制系统？

3. 混合动力驱动分为哪几类？其特点分别是什么？

情境二
底盘电控系统检修

任务七　防抱死制动系统（ABS）检修

一、填空题

1. ABS 是指____________________。

2. 防抱死制动系统（ABS）主要由________________、____________________、________________________________、________________和______________等组成。

3. 防抱死制动系统（ABS）按控制方式可分为________________和________________两种。

4. 防抱死制动系统（ABS）按控制通道及传感器数目可分为____________________、________________________________和________________________________三种类型。

5. 目前常用的车轮转速传感器主要有________________和______________两种。

6. 霍尔式车轮转速传感器是利用____________________原理制成的。

7. 电磁感应传感头用来感应电压，通常由______________、________________和__________等构成。

8. 霍尔式轮速传感器通常由____________、____________和__________等构成。

9. 制动压力调节器主要由________________、______________和______________等构成。

10. 防抱死制动系统（ABS）的最大特点是________________________________。

二、选择题

1. ABS 将车轮滑移率保持在（　　）范围内，以获得最好的制动效果。

A. 0 ~ 10%　　B. 10% ~ 20%

C. 20% ~ 30%　　D. 30% ~ 40%

2.（　　）不是防抱死制动系统（ABS）的特点。

A. 有效降低滑移率　　B. 延长轮胎使用寿命

C. 提高制动稳定性　　D. 制动时出现甩尾

3. 电控单元（ABS ECU）对输入信号进行的处理不包括（　　）。

A. 测量　　B. 比较　　C. 放大　　D. 换向

4. ABS 可在（　　）时发挥作用。

A. 紧急制动　　B. 车辆行驶　　C. 车辆起步　　D. 车辆加速

5.（　　）会导致 ABS 故障灯点亮。

A. 轮速传感器故障　　B. 制动盘故障

C. 制动油管漏油　　D. 制动管路中有空气

6. ABS ECU 根据传感器信号向（　　）发出指令。

A. 制动总泵　　B. 制动分泵

C. ABS 继电器　　D. 制动压力调节器

7. 在电磁式车轮转速传感器中，当齿圈上某个齿的齿顶与传感器的磁极端部对准时，穿过线圈的磁通（　　）。

A. 最小　　B. 最大　　C. 不变　　D. 以上都不对

8. 电动液压泵可在短时间内将制动压力提高到（　　）。

A. 10 ~ 14 kPa　　B. 10 ~ 14 MPa　　C. 14 ~ 22 MPa　　D. 14 ~ 22 kPa

9. ABS 中通常有（　　）个电磁阀。

A. 1 ~ 4　　B. 4 ~ 6　　C. 4 ~ 8　　D. 6 ~ 10

10.（　　）不属于电磁阀的工作范畴。

A. 减压　　B. 冲压　　C. 保压　　D. 升压

三、判断题

1. ABS 可以在雪地行驶时发挥作用。 ( )

2. ABS 工作时，制动踏板有明显抖动感。 ( )

3. ABS 失效时，车辆的基本制动功能也跟着失效。 ( )

4. 电磁式车轮转速传感器监测出车轮转速较高时，其感应电压的频率和波幅都减小。 ( )

5. 车轮轮毂轴承松旷会导致 ABS 故障警告灯偶尔或间歇点亮。 ( )

6. 制动压力调节器是 ABS 中的感应机构。 ( )

7. 霍尔式轮速传感器输出的信号电压受转速影响。 ( )

8. 在路试 ABS 是否工作时，必须在小于 40 km/h 的速度下进行紧急制动。 ( )

9. 具备 ABS 的车辆，在更换制动液时，不需要排气。 ( )

10. ABS 故障警告灯不点亮，说明 ABS 无故障。 ( )

四、简答题

1. 简述 ABS 的功能。

2. 如何检查轮速传感器的故障？

3. 简述 ABS 的三个工作过程。

4. ABS 检修后，如何进行路试？

任务八　双离合变速器控制系统检修

一、填空题

1. DCT 是指______________________。

2. 双离合变速器主要分为______________________和__________________________两种。

3. 双离合变速器控制系统主要由___________________________、________________和__________________组成。

4. 干式双离合变速器的离合器部分由__________、_____________、____________和________________等组成。

5. 湿式双离合变速器的离合器部分由___________、__________、___________和_____________________等组成。

6. 变速器油温传感器主要是检测变速器油的__________，防止出现变速器过热。

7. 双离合变速器变速比分配合理，可以使变速器同时有________________啮合，使换挡操作更加快捷。

8. 挡杆锁止电磁阀是将变速器挡杆锁止在__________或__________位置，防止因误操作导致变速器杆挂入动力挡使车辆移动。

9. 超速开关集成在__________________，制动开关安装在___________________。

10. 双离合变速器控制系统的执行器主要有________________________________、______________________________和挡杆位置指示器。

二、选择题

1. DSG 变速器的最大特点在于它采用了双离合器，它是基于（　　）变速器的。

A. 自动　　B. 手动

C. 手自一体　　D. 无级

2. 在使用双离合器时，变速器同时有（　　）个挡位啮合。

A. 2　　B. 3　　C. 1　　D. 4

3.（　　）不是双离合变速器的优点。

A. 换挡有顿挫感　　B. 加速性能好

C. 换挡灵敏　　D. 传动能耗小

4.（　　）信号不需要被双离合变速器控制系统中的电子控制单元使用。

A. 发动机转速传感器　　B. 节气门位置传感器

C. 变速器油温传感器　　D. 发动机水温传感器

5. 变速器输入转速传感器主要用于检测变速器（　　）的转速。

A. 输出轴　　B. 中间轴

C. 输入轴　　D. 倒挡轴

6. 开关电磁阀（　　）主要负责调节变速器内部的主油压力。

A. N88　　B. N94　　C. N93　　D. N91

7.（　　）是湿式离合器的缺点。

A. 散热效果差　　B. 摩擦力不足

C. 转矩输出受限　　D. 燃油经济性差

8. 迈腾 02E（DSG）变速器中有（　　）个温度传感器。

A. 4　　B. 3　　C. 2　　D. 1

9. 在双离合变速器控制系统中，起到制动开关作用的是（　　）。

A. 解除换挡杆锁止　　B. 制动车辆

C. 锁止换挡杆　　D. 控制升挡

三、判断题

1. 双离合变速器传动能耗大，大大提高了车辆的燃油经济性。（　　）

2. 频繁使用双离合变速器，不会导致转矩承载不足。（　　）

3. 干式双离合器通过压盘和摩擦片的摩擦作用来传递动力。（　　）

4. 湿式双离合器变速器散热性能好，但换挡有一定的延迟性。（　　）

5. 采用电子节气门后，超速开关被制动踏板速率信号所代替。（　　）

6. 挡杆位置指示器不亮，双离合变速器一定不能换挡。（　　）

7. 更换双离合变速器油后，需要在每个挡位都运行一遍。（　　）

8. 双离合变速器有手动和自动两种控制方式。（　　）

9. 离合器能被变速器控制单元精确地分离和结合，主要依据是变速器输出轴的转速。（　　）

10. 电磁阀 N91 ～ N94 为线性电磁阀，可以实现快速的开关控制。（　　）

四、简答题

1. 简述电控双离合自动变速器的结构特点及优点。

2. 电控双离合自动变速器的电子控制单元具有哪些功能?

3. 简述电控双离合自动变速器的基本组成及工作过程。

任务九　无级变速器控制系统检修

一、填空题

1. 无级变速器主要由____________、前进及倒挡换挡机构、____________、____________、____________和____________等组成。

2. 当主轮带轮宽度变大，副轮带轮宽度变小时，无级变速器可实现____________；当主轮带轮宽度变小，副轮带轮宽度变大时，无级变速器可实现____________。

3. 无级变速器控制系统主要由____________、____________和____________组成。

4. 无级变速器的输入装置主要由各种传感器和开关组成，包括____________、____________、____________、____________和____________等。

5. 无级变速器控制系统可实现发动机____________、____________、____________和____________等功能。

6. 换挡锁止控制主要由____________、____________、____________、____________和____________等组成。

二、选择题

1. 无级变速器的英文简称是（　　）。

A. VVT　　B. CVT　　C. VTC　　D. AMT

2. 无级变速器通常有 4 个转速传感器，均为（　　），可发送齿轮转速信号至变速器控制 ECU。

A. 霍尔集成电路型　　B. 电磁感应式

C. 光电式　　D. 以上都不对

3. 无级变速器的“D”挡是指（　　）。

A. 前进挡　　B. 倒车挡　　C. 空挡　　D. 驻车挡

4. 变速器控制 ECU 通过（　　）发送挡位信号至组合仪表总成。

A. CAN 总线　　B. MOST 总线　　C. LIN 线　　D. TTP/C 线

5. 无级变速器控制系统的执行器主要是（　　）。

A. 继电器　　B. 三极管　　C. 电磁阀　　D. 换挡阀

6.（　　）信号不是变速器控制 ECU 确定初级带轮速度的信号。

A. 加速踏板位置　　B. 车速

C. 制动灯开关　　D. 转速

7. 换挡锁止电磁阀将换挡杆锁止在“（　　）”挡。

A. P　　B. N　　C. D　　D. R

8. 无级变速器的“N”挡是指（　　）。

A. 前进挡　　B. 倒车挡　　C. 空挡　　D. 驻车挡

9. CVT 油液温度传感器的传感元件为（　　）热敏电阻，其电阻值随温度的升高而下降。

A. 正温度系数　　B. 负温度系数

C. 以上两种都对　　D. 以上两种都不对

10. 线性电磁阀（　　）负责执行锁止离合器控制。

A. SLS　　B. SLP　　C. SLU　　D. SLG

三、判断题

1. 自动挡变速器利用主轮、副轮的活塞运动改变带轮宽度来实现变速比控制。（　　）

2. 无级变速器的机械效率大大优于普通的自动挡变速器，仅次于手动挡变速器。（　　）

3. 无级变速器的动力性能明显优于机械变速器和自动变速器。（　　）

4. CVT 油压传感器传感元件为压电元件，输出电压为 0 ~ 5 V，其电压值随压力的升高而下降。（　　）

5. 线性电磁阀（SLS）根据输入轴转矩控制从动带轮的油压以控制传动带夹紧力。（　　）

6. 线性电磁阀（SLU）根据车速和加速踏板位置信号控制主动带轮的油压以控制速率。（　　）

7. 车辆在直线上坡或下坡道路上行驶时，上坡或下坡换挡控制功能有助于执行最优换挡。（　　）

8. 智能网联汽车断开蓄电池负极电缆后重新连接时，车辆就可以直接上路行驶。（　　）

9. 无级变速器控制系统故障检修时更换了变速器控制模块、发动机控制模块，则需对存储器进行复位学习。（　　）

10. 如果人或物体在车辆附近，进行失速测试时，车辆可能会突然移动造成严重事故。（　　）

四、简答题

1. 简述无级变速器的优缺点。

2. CVT 油液温度传感器的作用是什么？

3. 简述换挡锁止控制的功能。

任务十　胎压监控系统（TPMS）检修

一、填空题

1. 当轮胎气压太低或轮胎漏气时，轮胎压力监控系统会____________________。

2. 胎压监控系统主要由____________________、____________________、____________________、功能选择开关和组合仪表等组成。

3. 按轮胎压力检测方法不同，胎压监控系统可以分为____________________和____________________两种。

4. 胎压监控系统的工作状态分为__________、__________和__________等。

5. 胎压监控系统的报警分为__________、__________、__________和电池电压低报警。

6. 胎压监控系统用英文表示为__________。

7. 轮胎压力传感器主要检测轮胎内的__________和__________。

8. 当汽车轮胎气压过低或系统出现故障时，胎压报警灯会______或______。

9. 在改变轮胎充气压力或更换轮胎后，胎压指示灯需要__________。

10. 每当更换轮胎压力传感器时或进行车辆轮胎换位后都必须执行轮胎压力传感器的________。

二、选择题

1. 下列选项中，（　　）不是评定轮胎胎压的单位。

A. Bar　　B. kPa　　C. kg/cm^2　　D. kg

2. 夏天的胎压要比冬天的胎压（　　）。

A. 略高　　B. 略低

C. 相等　　D. 远低

3. 胎压监控系统中有（　　）个轮胎压力监控天线。

A. 1　　B. 2　　C. 3　　D. 4

4. 轮胎压力低于 1.8 bar 时，系统即将报警，此时低于标准轮胎压力的（　　）。

A. 25%　　B. 15%　　C. 20%　　D. 18%

5. 轮胎压力传感器安装在（　　）。

A. 轮辋上　　B. 胎圈座上

C. 气门嘴上　　D. 天线内部

6. 轮胎的胎压过高易产生（ ）。

A. 抓地力降低　　B. 胎面脱落

C. 操控性能增加　　D. 颠簸感

7. 当（ ）时，可以清除胎压警告灯。

A. 轮胎气压过低　　B. 使用备用轮胎

C. 轮胎气压正常　　D. 装上防滑链条

8. 当车速大于（ ）km/h 时，TPMS 会显示所监测的胎压数据。

A. 20　　B. 25　　C. 32　　D. 35

9. TPMS 的中文简称为（ ）。

A. 倒车雷达

B. 胎压监控系统

C. 车身控制器

D. 集成式车身控制器

三、判断题

1. 车辆在静止状态下，或在低速行驶时，或在坑洼不平的路面行驶时，间接式 TPMS 不起作用。（ ）

2. 直接式 TPMS 在全工况下都可以检测。（ ）

3. TPMS 出现故障时，组合仪表只显示轮胎压力警告灯的信息。（ ）

4. TPMS 中的轮胎压力传感器使用的电池是纽扣电池。（ ）

5. 胎压监控传感器有一个无线信号发射模块，不一定都要进行 IP 地址匹配。（ ）

6. 当轮胎温度高于 65 ℃时，车辆就会进行高温报警。（ ）

7. 间接式 TPMS 比直接式 TPMS 成本高。（ ）

8. TPMS 线路故障时，仪表无法正确显示各轮胎的胎压。（ ）

9. 左前轮轮胎压力监控天线故障时会导致右前轮胎压显示故障。（ ）

四、简答题

1. 简述胎压监控系统的主要作用。

2. 简述胎压监控系统的工作原理。

3. 汽车胎压监测报警灯点亮的故障原因有哪些？

情境三
车身电控系统检修

任务十一　自动空调控制系统检修

一、填空题

1. 自动空调控制系统主要由＿＿＿＿＿＿＿＿＿＿、＿＿＿＿＿＿＿＿＿＿、＿＿＿＿＿＿＿＿＿＿、＿＿＿＿＿＿＿＿＿＿等组成。

2. 汽车自动空调控制系统传感器主要有＿＿＿＿＿＿＿传感器、＿＿＿＿＿＿＿传感器、＿＿＿＿＿＿＿传感器、＿＿＿＿＿＿＿＿＿＿传感器和＿＿＿＿＿＿＿＿＿＿＿＿传感器等。

3. 在自动空调控制系统中，＿＿＿＿＿＿＿＿、＿＿＿＿＿、＿＿＿＿＿＿＿等辅助信号可用于系统控制，有助于提高车内环境舒适度。

4. 汽车自动空调控制系统不制冷故障诊断，应依据＿＿＿＿＿、＿＿＿＿＿＿，结合＿＿＿＿＿、＿＿＿＿＿，检测＿＿＿＿＿＿＿＿，进行综合分析诊断。

5. 发动机控制模块（ECM）通过＿＿＿＿＿＿＿＿＿传感器来监测＿＿＿＿侧制冷剂的压力。当压力变高时，发动机控制模块指令＿＿＿＿＿＿＿＿＿＿。当压力过高或过低时，发动机控制模块将＿＿＿＿＿＿＿＿＿＿＿＿＿＿＿＿。

6. 汽车自动空调控制系统基础部件由＿＿＿＿＿、＿＿＿＿＿、＿＿＿＿＿＿、＿＿＿＿＿＿、＿＿＿＿＿＿、＿＿＿＿＿＿、＿＿＿＿＿＿和＿＿＿＿＿＿＿等组成。

7. 汽车自动空调控制出风模式一般有＿＿＿＿＿＿、＿＿＿＿＿＿＿＿＿＿和＿＿＿＿＿＿＿＿＿＿三种。

8. 汽车自动空调控制单元依据环境温度传感器信号控制＿＿＿＿＿＿＿＿和

______________________。

9. 足部出风口温度传感器感测______________________________，以及__________
______________________的温度。

10. 阳光传感器由___________、____________、____________和____________等组成。

二、选择题

1. 汽车（　　）作为汽车空调自动控制系统的核心，其功能的好坏将直接影响车内温度的控制效果。

A. 传感器　　B. 空调控制单元
C. 执行器　　D. 自诊断接口

2.（　　）不是汽车空调自动控制系统中使用的执行器。

A. 温度翻板伺服电机　　B. 冷却风扇控制开关
C. 空气翻板伺服电机　　D. 鼓风机控制单元

3. 汽车自动空调在自动控制模式下，当设定最大制冷时，温度风门将固定在（　　）开度。

A. 最小　　B. 最大　　C. 中间　　D. 任意

4. 汽车自动空调控制单元在自动调节温度风门开度和鼓风机转速时，还会同步控制（　　）。

A. 风扇转速　　B. 压缩机状态
C. 出风模式的变化　　D. 发动机转速

5. 汽车自动空调（　　）传感器用于感知车辆外部温度。

A. 阳光　　B. 仪表板温度
C. 环境温度　　D. 新鲜空气进气管温度

6. 汽车自动空调新鲜空气进气管温度传感器直接安装于（　　）。

A. 前保险杠上　　B. 蒸发器上
C. 新鲜空气进气管内　　D. 驾驶室出风口处

7. 汽车自动空调系统压力传感器安装在空调系统的（　　）上。

A. 低压管路　　B. 高压管路　　C. 压缩机　　D. 散热风扇

8.（　　）向空调压缩机离合器继电器控制电路提供搭铁，以切换空调压缩机离合器继电器的状态。

A. 发动机控制模块　　B. 空调系统控制单元

C. 车身控制模块　　D. 压缩机控制单元

9. 当压力过高或过低时，（　　）将不允许空调压缩机运行。

A. 发动机控制模块　　B. 空调系统控制单元

C. 车身控制模块　　D. 压缩机控制单元

三、判断题

1. 汽车自动空调传感器一般采用负温度系数热敏电阻。（　　）

2. 在汽车自动空调中，所有的阀均由电控伺服电机操控。（　　）

3. 自动空调控制系统与手动空调控制系统相比，其基础部件构造、工作原理相同，但控制系统更加简单、智能。（　　）

4. 汽车自动空调在自动控制模式下，当设定最大制冷时，鼓风机将以最低转速运行。（　　）

5. 当车外温度传感器信号失效时，汽车自动空调的空气循环将停止。（　　）

6. 当新鲜空气进气管温度传感器信号失效时，汽车自动空调的空气循环将停止。（　　）

7. 驻车时间信号用于调节汽车自动空调气流调节阀。（　　）

8. 步进电机具有控制精度高，驱动转矩大的优点，在汽车自动空调上应用较多。（　　）

9. 汽车自动空调进行故障排除时，应先确认识别故障症状，不主观臆断，以获得准确判断。（　　）

10. 如果空调控制面板上所有指示灯不亮，应读取空调控制系统的故障码和数据流。（　　）

四、简答题

1. 简述汽车自动空调控制系统的工作原理。

2. 汽车自动空调控制系统检查时主要有哪些工作要点？

3. 简述空调系统压力传感器的工作原理。

4. 发动机控制模块启动空调压缩机离合器，必须满足哪些条件？

任务十二　电动座椅控制系统检修

一、填空题

1. 根据使用电动机的数量不同，电动座椅可分为____________、____________、____________、____________和多电动机式等类型。

2. 通风型座椅是利用__________向____________注入空气，借助____________和____________________中的小孔、泡沫垫中的____________排出。

3. 电动座椅一般由若干个_________________________、____________、____________________及________________等组成。

4. 电动座椅传动装置主要包括______________、______________、______________及________________________等。

5. 电动座椅高度调整机构由__________、__________和__________等组成。

6. 电动座椅靠背倾斜调整机构主要由____________、__________、__________和________________等组成。

7. 电动座椅开关包括座椅__________开关和__________开关。

8. 自动座椅的自动控制装置包括______________、______________、________及与手动控制系统共用的__________。

9. 自动座椅信息存储时利用__________开关将__________、__________、__________、__________________置于所期望的位置。

10. 电动座椅某个方向不能动作的主要原因有该方向对应的____________，____________、____________。

二、选择题

1. 驾驶员通过操纵电动座椅开关，可以将座椅及靠背调整到最佳的位置上，进而便于操纵转向盘、(　　)和变速杆等。

A. 发动机　　B. 踏板　　C. 离合器　　D. 差速器

2. 为了防止电动座椅电动机过载，一般都在电动机内安装(　　)保护。

A. 断路器　　B. 熔断器　　C. 接触器　　D. 开关

3. 下列选项中，(　　)不是电动座椅滑动调整机构的组成部分。

A. 蜗杆　　B. 蜗轮　　C. 心轴　　D. 齿条

4. 四向移动的电动座椅，一般有(　　)个电动机。

A. 2　　B. 4　　C. 6　　D. 8

5. 自动座椅与普通电动座椅结构相似，不同之处是增加了(　　)。

A. 一组调整电动机　　B. 存储复位开关

C. ECU　　D. 一套电子控制系统

6. 电动座椅位置传感器主要有滑动电位器式和(　　)等类型。

A. 磁感应式　　B. 霍尔式

C. 光电式　　D. 电磁式

7. 要实现座椅位置的存储与恢复，必须有座椅(　　)。

A. 开关　　B. 电动机　　C. 位置传感器　　D. ECU

8. 转向柱倾斜与伸缩 ECU 接收到信号，便立即送出存储指令信号或位置信号给自动座椅 ECU 和（　　）。

A. 座椅电动机　　B. 转向器

C. 转向盘　　D. 外后视镜 ECU

9. 操纵驾驶姿势存储复位开关时，（　　）不会被存储于存储器内。

A. 内后视镜　　B. 倾斜与伸缩转向柱

C. 外后视镜　　D. 安全带的系紧

10. 按下自动座椅（　　）开关，即可选择已存储的座椅位置。

A. 手动　　B. 存储复位

C. 电动座椅　　D. 座椅传动

三、判断题

1. 多电动机式电动座椅可分为二方向、四方向、六方向和八方向等。（　　）

2. 根据有无加热器分类，电动座椅可分为无加热器式和有加热器式两种。（　　）

3. 大多数电动座椅的位置调节都是采用永磁式交流电动机。（　　）

4. 电动座椅的电动机由来自电动座椅 ECU 的电流来驱动座椅的各个部分。（　　）

5. 自动座椅是带存储记忆功能的电动座椅。（　　）

6. 自动座椅的手动控制方式和普通电动座椅完全相同。（　　）

7. 自动座椅滑动电位器式位置传感器驱动滑块在电阻器上滑动，相当于一个普通的电阻。（　　）

8. 自动座椅霍尔式位置传感器有一个永久磁铁和霍尔集成电路。（　　）

9. 自动座椅位置信息存储时，需接通点火开关（ON），将变速杆置于停车（N 挡）位置。（　　）

10. 在踩下制动踏板或车辆运行时，禁止选择已存储的座椅位置。（　　）

四、简答题

1. 具有多方位调节功能的电动座椅有哪些调节方式?

2. 根据普通电动座椅控制电路图（见图 12–1），分别写出电动座椅向前、向后倾斜的控制回路。

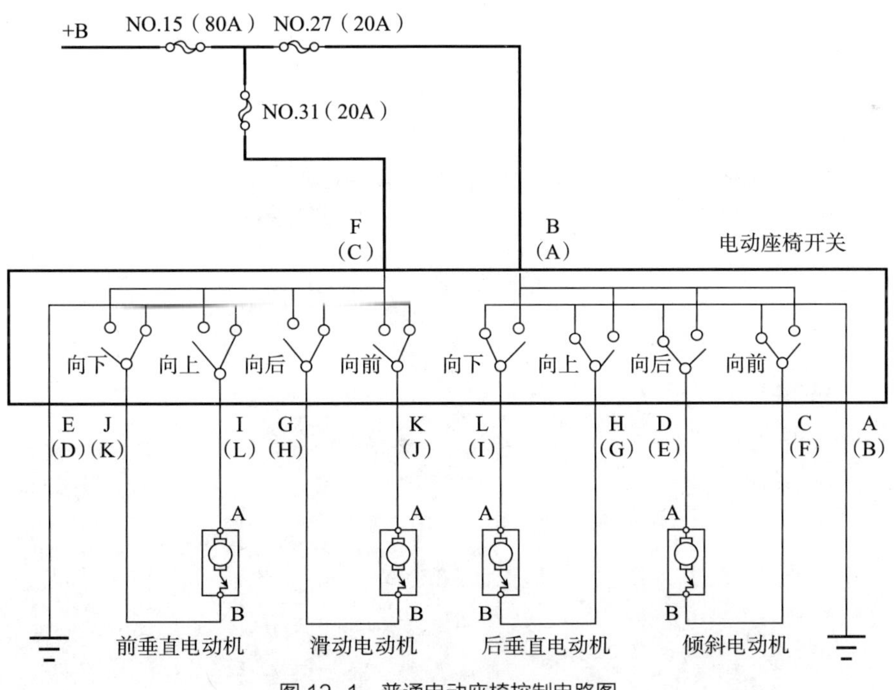

图 12–1　普通电动座椅控制电路图

3. 简述带存储记忆功能电动座椅的工作原理。

4. 简述电动座椅完全不动作的故障诊断流程。

任务十三　电控中央门锁控制系统检修

一、填空题

1. 无钥匙进入系统，即采用________技术，通过感应____________，自动________和________。

2. 电控中央门锁是汽车________的重要部分，可利用________遥控或感应开闭________和________。

3. 车门外把手接触传感器，可分为________区域和________区域，它由____________和______________等组成。

4. 门锁的控制可分为__________和__________两种方式。

5. 进入及启动控制单元，负责________、唤醒______________，并查询__________控制单元，决定是否允许______。

6. 电控中央门锁控制系统定制参数通常可以用________和________两种方法进行设定。

7. 电控中央门锁控制系统主要由________、________、________、________、________、________、________、________、________和________________等组成。

二、选择题

1. 在电控中央门锁控制系统中，（　　）控制单元与（　　）控制单元之间用 LIN

总线传输数据信息。

A. 左前车门 右前车门　　B. 左前车门 左后车门

C. 左后车门 右后车门　　D. 左前车门 右后车门

2. 配置有无钥匙进入系统的车辆，每个车门均安装（　　）。

A. 车门把手接触传感器　　B. 车门天线

C. 车门控制单元　　D. 车门闭锁单元

3.（　　）控制单元是电控中央门锁控制系统的核心部件。

A. 防盗锁止　　B. 车载网络　　C. 发动机　　D. 进入及启动

4. 进入及启动控制单元通过（　　），判断智能钥匙是否在有效范围内，用于开启车门。

A. 车门把手接触传感器　　B. 车外天线

C. 车门控制单元　　D. 车门闭锁单元

5.（　　）控制车门自动解锁。

A. 车门把手接触传感器　　B. 车门天线

C. 车门控制单元　　D. 车门闭锁单元

6. 进入及启动控制单元安装在（　　）。

A. 副驾驶员座椅下　　B. 保险杠上

C. 驾驶员侧车门内　　D. 仪表板横梁靠近转向管柱右侧

7. 进入及启动控制单元通过（　　）用于进入及启动系统的天线（125 kHz 的低频信号），检查在车尾区域是否至少存在一个遥控钥匙。

A. 车门内　　B. 后窗玻璃上部区域

C. 后保险杠内　　D. 车门把手上

8. 按压遥控器上的开锁、闭锁和行李舱锁按键，如果车辆外部警告灯只在开锁或闭锁时闪烁异常，则存在遥控钥匙（　　）、内部线路板故障。

A. 电池电量不足　　B. 对应的功能按键

C. 损坏　　D. 和车辆不匹配

9. 如果使用机械钥匙无法打开驾驶员侧车门，那么不存在（　　）故障。

A. 驾驶员侧车门控制单元　　B. 驾驶员侧车门锁机械机构

C. 机械钥匙不匹配　　D. 锁芯

三、判断题

1. 电控中央门锁可利用智能钥匙遥控或感应开闭车门锁和行李舱盖。（　　）

2. 在车辆行驶状态下，电控中央门锁仅防止车门被未授权打开，从而保证车内人员安全。（　　）

3. 在电控中央门锁控制系统中，各控制单元之间通过舒适系统 CAN 数据总线交换数据信息。（　　）

4. 触摸车辆的一个车门把手接触传感器，即可唤醒进入及启动控制单元。（　　）

5. 解锁和闭锁车辆时，所有转向信号灯会闪亮。（　　）

6. 当人手靠近汽车车门把手后，车门天线向进入及启动控制单元发出一个感应脉冲。（　　）

7. 如果防盗器识别出是非法钥匙时，无钥匙进入过程立刻停止。（　　）

8. 电控中央门锁的车内控制可以通过车门上的中控开关来执行。（　　）

9. 行李舱盖的车内控制可以通过“无钥匙进入（视车辆配置）”“遥控器”或“车门锁孔中控开关”来执行。（　　）

10. 所有的车型只有驾驶员侧门把手能开启所有车门。（　　）

四、简答题

1. 简述电控中央门锁控制系统的工作原理。

2. 电控中央门锁控制系统有哪些检查内容?

3. 电控中央门锁控制系统的典型故障现象有哪些?

4. 简述电控中央门锁通过遥控钥匙开闭的工作过程。

任务十四　电控防盗系统检修

一、填空题

1. 如果有人________或__________，防盗电路就会启动，________发出声响，________、________、________等发光；同时接通__________电路，阻止__________。

2. 车辆防盗系统一般由________、________、________、________和________等组成。

3. 中控门锁防盗报警系统是在______________的基础上加设了________的控制电路，以控制汽车的________，并同时具有________，其由________、________、________和________组成。

4. 发动机防盗锁止系统是通过________来判断__________，并由此确定是否允许____________工作。

5. 安全防盗系统主要由________开关、________开关、

__________开关、____________、______________、______________、________________________指示灯、____________指示灯等组成。

6. 车辆防盗系统主要部件有__________、____________、_____________、______________和______________等。

7. 车辆防盗系统报警装置由___________和___________ 组成。

8. 汽车遥控防盗系统使用的遥控发射器由_______________、_____________________和___________________等组成。

9. 发动机防盗系统由______________模块、_________________模块和_________________________________模块组成。

10. 汽车遥控防盗系统门控开关包括______________开关、__________开关及______________开关等。

二、选择题

1. 当把自动门锁开关置于（　　）挡位置时，关闭车门，系统进入防盗准备状态。

A. ACC　　B. ON　　C. START　　D. LOCK

2.（　　）不是常见的机械防盗锁。

A. 变速杆锁　　B. 转向柱锁　　C. 转向盘锁　　D. 轮胎锁

3.（　　）系统是目前使用最多的汽车防盗系统。

A. 机械防盗锁　　B. 中控门锁防盗报警

C. 发动机防盗锁止　　D. 无钥匙进入防盗

4.（　　）即遥控防盗系统控制单元，它是防盗系统的核心和控制中心。

A. 主机　　B. 门控开关　　C. 遥控装置　　D. 感应传感器

5.（　　）传感器不是车辆防盗系统的感应传感器。

A. 超声波　　B. 振动　　C. 霍尔　　D. 玻璃破碎

6. 只有点火钥匙转到（　　）挡时，才能取下点火钥匙。

A. ACC　　B. ON　　C. START　　D. LOCK

7. 当触发具有报警功能的中控门锁防盗报警系统后，(　　)。

A. 切断发动机启动电路　　B. 报警装置反复闪亮灯光

C. 切断点火电路　　D. 转向盘被锁定

8. 发动机防盗锁止系统的防盗指示灯通过（　　）表示防盗系统的工作状态。

A. 忽明忽暗地反复闪亮　　B. 反复闪亮灯光

C. 不同的闪烁频率　　D. 持续点亮

9. 对于无钥匙进入防盗系统来说，当车主离开车辆 3 ~ 5 m 时，不会出现（　　）。

A. 电动车窗自动关闭　　B. 门锁自动锁上

C. 电动天窗自动关闭　　D. 车辆发出提示报警声

10. 车辆防盗系统振动传感器的作用是检测（　　）。

A. 发动机启动　　B. 汽车受到的冲击

C. 有人侵入车内　　D. 玻璃受撞击破碎

三、判断题

1. 由于机械防盗锁安全性差，在车辆防盗系统中只起辅助作用。（　　）

2. 点火钥匙位于 ACC 挡时，除起动机外的其他所有用电设备均能使用。（　　）

3. 近年来，现代汽车广泛采用的是遥控中控门锁防盗报警系统，极大提高了汽车防盗系统的安全性和可靠性。（　　）

4. 如汽车被盗，防盗 ECU 输出信号，控制报警装置发出声光报警信号，阻止汽车启动，切断燃油供给。（　　）

5. 位于风窗玻璃下的安全指示灯进入点亮状态，标志着安全防盗系统已经开始工作。（　　）

6. 如果遥控钥匙电池电量不够而不能遥控解锁车门，则不会触发安全防盗警报。（　　）

7. 车辆防盗系统是指防止汽车本身或车上的物品被盗所设置的系统。（　　）

8. 具有报警功能的中控门锁防盗报警系统容易出现误报警或漏报警。（　　）

9. 发动机防盗锁止系统是通过电子应答来判断用户使用的钥匙是否合法，并由此确定是否允许防盗 ECU 工作。（　　）

10. 一般装备无钥匙进入防盗系统的车辆，其车门把手上有感应装置（点）。（　　）

四、简答题

1. 简述车辆防盗系统的类型。

2. 补充完成一般防盗系统的工作原理图（见图 14–1）。

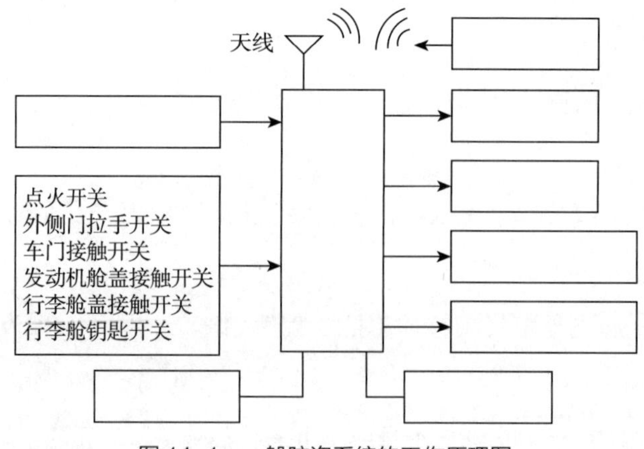

图 14–1　一般防盗系统的工作原理图

3. 简述发动机防盗系统的工作原理。

情境四
先进驾驶辅助系统（ADAS）电控系统检修

任务十五　自适应巡航控制（ACC）系统检修

一、填空题

1. 自适应巡航是对定速巡航的完善，在定速功能的基础上加入了__________、__________、__________、__________、__________以及________等辅助安全配置。

2. 在ACC系统中，测距雷达包括__________、__________、__________和__________等部分。

3. 自适应巡航控制系统主要由__________、__________、__________、__________、__________、仪表、转向盘按键等组成。

4. 电子控制单元（ECU）是ACC系统的中央处理器，属于系统的核心部分。主要由________、__________、__________等组成。

5. 汽车自适应巡航根据不同的环境条件共有四种典型的控制过程，即__________、__________、__________和__________。

6. 在ACC系统中，测距雷达用于测量本车与前方车辆的__________、__________和__________。

7. 在车间距控制模式中，由__________和__________来实施等速控制。

8. 跟随控制中可以通过操作距离控制开关来选择车距的三种方式，分别是

________________、________________和________________。

9. 在跟车行驶控制中，前车跟随控制主要根据雷达采集到的相对速度和相对距离进行______________________和______________________。

二、选择题

1. 在车辆行驶过程中，安装在车辆（　　）部的车距传感器雷达持续扫描车辆前方道路，同时轮速传感器采集车速信号。

A. 前　　B. 中　　C. 后　　D. 顶

2. 自适应巡航控制系统一般在车速大于（　　）km/h 时才会起作用，而当车速降低到（　　）km/h 以下时，就需要驾驶者进行人工控制。

A. 10　　B. 15　　C. 20　　D. 25

3. 自适应巡航的作用是可以让车辆（　　）行驶，保持一定的车距，这样避免出现碰撞的危险，如果有危险车辆会自动甚至是主动干预车辆驾驶。

A. 横向　　B. 纵向　　C. 左前方　　D. 右后方

4. 自适应巡航控制系统根据车间距传感器检测到的信息，以及本车车速传感器和（　　）传感器检测确定的本车行驶路线信息，来判断在本车的同一条车道上前方有无车辆行驶。

A. 横摆角速度　　B. 温度

C. 压力　　D. 曲轴位置

5. 当前方车辆起步后，自适应巡航控制系统会提醒驾驶员，驾驶员通过踩（　　）或按下按钮发出信号，车辆就可以起步行驶。

A. 制动踏板　　B. 加速踏板

C. 挡位杆　　D. 离合器踏板

6. 自适应巡航是指车辆在一定的速度内，并不是固定一个（　　），自适应巡航会自动对车速进行相应的调整。

A. 转速　　B. 速度　　C. 距离　　D. 里程

7. 在车间距控制模式中，由（　　）传感器和距离控制 ECU 来实施等速控制。

A. 摄像头　　B. 激光雷达　　C. 毫米波雷达　　D. 超声波雷达

8. 在启停功能控制中，当车速低于（　　）km/h 时，进入 ACC 的启停控制逻辑，实现在交通拥堵路况下的车辆启停功能。

A. 10　　B. 20　　C. 30　　D. 40

三、判断题

1. ACC 控制单元会发出声光信号通知驾驶员被动采取制动措施。（　　）

2. 定速巡航只是让车辆稳定行驶，如果有紧急情况需要提醒驾驶员被动解除定速巡航功能。（　　）

3. ACC 模块的主要功能是处理雷达信息并判断附近是否存在后方车辆。（　　）

4. 通过反馈式加速踏板感知的驾驶员施加在踏板上的力，ACC 控制单元可以决定是否执行巡航控制，以减轻驾驶员的疲劳。（　　）

5. ACC 系统对雷达的基本要求为外形体积（特别是天线）较小，适于在汽车上安装。（　　）

6. 发动机控制模块的主要功能是接收来自 ACC 模块和仪表盘的信息，并据此调整车速。（　　）

7. 节气门和制动器的组合在自适应巡航控制（ACC）系统中被称为作动器。（　　）

8. 在减速控制模式中，如果存在停放车辆或目标，或低于可设定车速的范围，则能实现减速控制。（　　）

9. 在跟车行驶控制中，当自适应巡航控制（ACC）系统控制车辆前方有其他车辆时，ACC 会进入前车跟随控制逻辑。（　　）

10. ACC 系统集成了前向碰撞预警系统，当出现即将发生碰撞的危险时，预警系统通过报警信号，提醒驾驶员进行制动操作。（　　）

四、简答题

1. 简述自适应巡航控制系统的控制原理。

2. 在什么情况下必须对自适应巡航控制系统传感器进行校准调节？

3. 简述前向碰撞预警控制的工作原理。

任务十六　碰撞预警系统检修

一、填空题

1. 碰撞预警系统类型很多，主要分为______、______、______和______四种。

2. 按照是否能自动采取制动措施，可将碰撞预警系统分为______与______两种。

3. 碰撞预警系统主要由______、______和______组成，主要包括______、______和操纵机构等部件。

4. 碰撞预警系统的功能包括______、______和______。

5. 毫米波雷达结构简单、发射功率低、______和______高、天线部件尺寸小，不仅可以测量______，还可以测量目标物体的______及______等参数。

6. 碰撞预警系统是通过______、______和______三个模块加以实现的。

7. 碰撞预警系统采用______、______或______传感器对本车行驶前方目标车辆或后方障碍物进行精确探测。

8. 毫米波雷达能克服受______影响的缺点，对______的适应性好，性能稳定。

9. 碰撞预警系统主要用于协助驾驶员避免________________，________________，________________等重大交通事故。

10. 前向碰撞预警系统利用____________进行监测，判断车辆与前车之间的________、________和________。

二、选择题

1. 碰撞预警系统能预测到行车危险并在碰撞危险发生前（　　）s 向驾驶员发出警报，预防交通事故的发生。

A. 1　　B. 2　　C. 3　　D. 4

2. 摄像头在夜间工作效果（　　）。

A. 最好　　B. 最差　　C. 中等　　D. 偏弱

3. 前向碰撞预警是一个（　　）功能，无法在所有情况下都帮到驾驶员。

A. 自动　　B. 辅助　　C. 被动　　D. 主动

4. 在汽车行驶过程中，车距监控模块会显示本车车速和检测到本车与（　　）方车辆或障碍物的距离。

A. 前　　B. 后　　C. 左　　D. 右

5. 前向碰撞预警系统除了提醒驾驶员在合理的时间内施加制动解除碰撞风险外，系统也会控制车辆（　　）进行制动。

A. 主动　　B. 被动　　C. 自动　　D. 人工

6. 市场上能够达到防撞性能指标的雷达是（　　）雷达。

A. 激光　　B. 毫米波　　C. 超声波　　D. 红外线

7. 前方碰撞预警模块通过前方雷达信号采集模块和计算在行驶过程中车辆与（　　）方车辆的距离信息来判断潜在的碰撞风险，并立即发出警示。

A. 前　　B. 后　　C. 左　　D. 右

8. 温度感应模块自动感应车外环境温度，当低于（　　）℃时，针对未配置 ABS 的车辆，不制动只预警。

A. 30　　B. 20　　C. 10　　D. 0

9. 碰撞预警系统的工作主要是利用（　　）、图像等传感器来进行监测。

A. 雷达　　B. 摄像机

C. 车速传感器　　D. 碰撞传感器

10. 目前，大部分系统设置前向碰撞预警系统（FCW）在车速低于（　　）km/h 时是不运行的。

A. 20　　B. 30　　C. 40　　D. 50

三、判断题

1. 前向碰撞预警系统针对前方车辆的实时状态，利用雷达系统进行监测和判断。（　　）

2. 超声波会受天气状态影响，只适用于长距离的探测，普遍用于倒车保护。（　　）

3. 毫米波雷达是未来无人自动驾驶的必选传感器。（　　）

4. 前向碰撞预警系统在具有前向碰撞风险时，通过声光电甚至振动等不同形式途径来提醒和警示驾驶员。（　　）

5. 预测性前车碰撞预警系统能更好地预防前车急刹带来的追尾事故。（　　）

6. 毫米波雷达不能适应全天候的工作环境。（　　）

7. 后方车辆防追尾警示模块是通过后方雷达信号采集模块和计算在行驶过程中后方车辆与前方车辆的碰撞信息来判断潜在的碰撞风险，并立即发出强光警示。（　　）

8. 超声波雷达的全天候工作能力最强。（　　）

9. 在车道偏离预警中，系统能在无意识发生车道偏离前 0.3 s 发出警报，提醒驾驶员注意保持在原车道上安全行驶。（　　）

10. 在碰撞预警系统中，显示模块能显示当前车速，还能显示车前、车后最具危险障碍物的距离，并以“嘀嘀”声和仪表图像进行预警。（　　）

四、简答题

1. 简述碰撞预警系统的工作原理。

2. 简述碰撞预警系统的特点。

3. 与同学讨论不同传感器装置的功效，并填写在表 16–1 中。

表 16–1　不同传感器装置的功效对比

功效	传感器				
	超声波	摄像头	红外线	激光	毫米波
远距离探测能力					
夜间工作能力					
全天候工作能力					
受气候的影响					
烟雾环境下的工作能力					
雨雪环境下的工作能力					
温度稳定程度					

综合试卷（一）

一、填空题（每空 1 分，共 30 分）

1. 蓄电池管理主要负责蓄电池的诊断，它通过传感器持续监测蓄电池的__________、__________和__________。

2. 缸内直喷燃油供给系统主要由低压燃油泵、__________、燃油滤清器、__________、__________、高压油轨和__________等组成。

3. 常用涡轮增压器的类型有__________和__________两种。

4. 根据混合动力基本结构情况，混合动力驱动分为__________、__________和__________三种。

5. 防抱死制动系统（ABS）按控制方式可分为__________和__________两种。

6. 双离合变速器主要分为__________和__________两种。

7. 无级变速器主要由__________、前进及倒挡换挡机构、__________、__________、__________和__________等组成。

8. 胎压监控系统的工作状态分为__________、__________和__________等。

9. 汽车自动空调控制单元依据环境温度传感器信号控制__________和__________。

10. 车辆防盗系统报警装置由__________和__________组成。

11. 碰撞系统中按照是否能自动采取制动，分为__________与__________两种。

二、选择题（每题 1 分，共 20 分）

1. 电流传感器与蓄电池负极电缆连接，用于监测蓄电池的（　　）。

A. 电流　　B. 电压　　C. 电阻　　D. 功率

2. 缸内直喷系统中的燃油泵控制单元使用（　　）信号来控制电动燃油泵。

A. 脉冲宽度调制　　B. 直流

C. 交变　　D. 模拟

3. 爆震传感器一旦检测到爆震发生，发动机电子控制单元（ECU）就会逐步（　　）点火直至爆震消失。

A. 提前　　B. 延迟　　C. 不变　　D. 以上都不对

4.（　　）信号不是决定发动机喷油的基本信号。

A. 曲轴位置传感器　　B. 空气流量计

C. 歧管压力传感器　　D. 进气温度传感器

5. 汽车尾气中的 PM 代表（　　）。

A. 碳氢化合物总量　　B. 颗粒物

C. 非甲烷烃　　D. 氮氧化合物

6.（　　）不会导致高压互锁被激活。

A. 维修开关　　B. 带转换器的逆变器总成盖

C. 带转换器的逆变器总成高压电缆　　D. ABS

7. ABS 可在（　　）时发挥作用。

A. 紧急制动　　B. 车辆行驶　　C. 车辆起步　　D. 车辆加速

8. DSG 变速器的最大特点在于它采用了双离合器，它是基于（　　）变速器的。

A. 自动　　B. 手动　　C. 手自一体　　D. 无级

9. 无级变速器控制系统的执行器主要是（　　）。

A. 继电器　　B. 三极管　　C. 电磁阀　　D. 换挡阀

10. 轮胎压力传感器安装在（　　）。

A. 轮辋上　　B. 胎圈座上　　C. 气门嘴上　　D. 天线内部

11. 当压力过高或过低时，（　　）将不允许空调压缩机运行。

A. 发动机控制模块　　B. 空调系统控制单元

C. 车身控制模块　　D. 压缩机控制单元

12. 下列选项中，（　　）不是电动座椅滑动调整机构的组成部分。

A. 蜗杆　　B. 蜗轮　　C. 心轴　　D. 齿条

13.（　　）控制单元是电控中央门锁控制系统的核心部件。

A. 防盗锁止　　B. 车载网络

C. 发动机　　D. 进入及启动

14.（　　）系统是目前使用最多的汽车防盗系统。

A. 机械防盗锁　　B. 中控门锁防盗报警

C. 发动机防盗锁止　　D. 无钥匙进入防盗

15. 在车间距控制模式中，由（　　）传感器和距离控制 ECU 来实施等速控制。

A. 摄像头　　B. 激光雷达　　C. 毫米波雷达　　D. 超声波雷达

16. 前向碰撞预警是一个（　　）功能，无法在所有情况下帮到驾驶员。

A. 自动　　B. 辅助　　C. 被动　　D. 主动

17. 汽车（　　）作为汽车空调自动控制系统的核心，其功能的好坏将直接影响车内温度的控制效果。

A. 传感器　　B. 空调控制单元

C. 执行器　　D. 自诊断接口

18. 动力蓄电池总成存储发电机的发电量，向带转换器的逆变器总成供电，进而驱动（　　）。

A. 电机　　B. DC/DC 变换器　　C. 变速器　　D. 差速器

19. 如果使用机械钥匙无法打开驾驶员侧车门，那么不存在（　　）故障。

A. 驾驶员侧车门控制单元　　B. 驾驶员侧车门锁机械机构

C. 机械钥匙不匹配　　D. 锁芯

20. 换挡锁止电磁阀将换挡杆锁止在“（　　）”挡。

A. P　　B. N　　C. D　　D. R

三、判断题（每题 1 分，共 15 分）

1. 电源管理系统出现故障时，车辆启动性能变差。（　　）

2. 所有燃油供给系统中都有高压油泵，经过高压油泵后，燃油压力从低压变为高压。（　　）

3. 凸轮轴位置传感器及控制电路故障一定会导致火花塞不点火而没有任何启动的征兆。（　　）

4. 空气流量计安装在空气滤清器后电子节气门前的进气管上。（　　）

5. 曲轴箱强制通风系统的主要作用是收集汽油箱蒸发出来的汽油蒸汽，并将汽油蒸汽导入发动机内燃烧。（　　）

6. 动力管理控制 ECU（HV CPU）利用频率控制动力蓄电池冷却鼓风机转速，使动力蓄电池的温度保持在适当范围内。（　　）

7. ABS 工作时，制动踏板有明显抖动感。（　　）

8. 挡杆位置指示器不亮，双离合变速器一定不能换挡。（　　）

9. 智能网联汽车断开蓄电池负极电缆后重新连接时，车辆就可以直接上路行驶。（　　）

10. TPMS 出现故障时，组合仪表只显示轮胎压力警告灯的信息。（　　）

11. 汽车自动空调在自动控制模式下，当设定最大制冷时，鼓风机将以最低转速运行。（　　）

12. 自动座椅的手动控制方式和普通电动座椅完全相同。（　　）

13. 触摸车辆的一个车门把手接触传感器，即可唤醒进入及启动控制单元。（　　）

14. 发动机防盗锁止系统是通过电子应答来判断用户使用的钥匙是否合法，并由此确定是否允许防盗 ECU 工作。（　　）

15. 前向碰撞预警系统针对前方车辆的实时状态，利用雷达系统进行监测和判断。（　　）

四、简答题（共 35 分）

1. 电源管理系统功能失效的原因有哪些?（6 分）

2. 简述 ABS 的功能。（4 分）

3. 简述电动座椅完全不动作的故障诊断流程。（5 分）

4. 汽车胎压监测报警灯点亮的故障原因有哪些？（8 分）

5. 简述车辆防盗系统的类型。（3 分）

6. 简述前向碰撞预警系统的工作原理。（5 分）

7. 为什么要定期更换汽油机的火花塞?（4 分）

综合试卷（二）

一、填空题（每空1分，共30分）

1. 汽油发动机正常工作须具备三要素，分别是________________、________________、________________。

2. ________是汽油机尾气中有害成分浓度最大的物质。

3. 电子控制单元（ECU）是ACC系统的中央处理器，属于系统的核心部分。主要由________、____________、____________等组成。

4. 电控中央门锁是汽车________的重要部分，可利用__________遥控或感应开闭________和________。

5. 电动座椅完全不能动作的主要原因有__________、__________、____________等。

6. 自动空调控制系统主要由____________、____________、____________和____________等组成。

7. 无级变速器控制系统可实现发动机__________、__________、____________、____________等功能。

8. 电源管理系统是监测____________和____________，控制各电气设备用电，优化发电机工作相关控制器、传感器、执行器及控制系统的总称。

9. 燃油供给系统的功能是根据发动机的____________，将适量的燃油适时地输送至发动机的__________。

10. 氧传感器主要分为__________和__________式两种类型。

11. 毫米波雷达能克服受________影响的缺点，对________的适应性好，性能稳定。

二、选择题（每题1分，共20分）

1. 以下属于微处理器控制的点火控制系统中执行器的是（　　）。

A. 点火线圈　　B. 喷油器

C. 发动机电子控制单元（ECU）　　D. 空气流量计

2. 当发电机转子旋转时，定子线圈产生（　　）。

A. 交流电　　B. 直流电　　C. 磁场　　D. 温度

3. 为了提高燃油喷射系统的精度、速度和可靠性，可以采用（　　）的燃油供给系统。

A. 歧管喷射　　B. 缸内直喷　　C. 混合喷射　　D. 以上都不对

4. 电源管理控制单元识别到（　　）状态时，所记录的数据为临界能量平衡数据。

A. 车辆无法启动　　B. 车辆正常行驶

C. 车辆熄火　　D. 车辆怠速

5. 发动机启动困难、加速无力、怠速不稳、容易熄火的故障原因是（　　）及线路故障。

A. 进气歧管绝对压力传感器　　B. 节气门位置传感器

C. 空气流量计　　D. 进气温度传感器

6. 以下发动机的控制系统中不能成为闭环系统的是（　　）系统。

A. 电子控制燃油喷射　　B. 点火控制

C. 电子节气门控制　　D. 电子稳定

7. 字母“（　　）”表示废气再循环控制系统。

A. EGR　　B. PCV　　C. EVAP　　D. ECU

8.（　　）不是防抱死制动系统（ABS）的特点。

A. 有效降低滑移率　　B. 延长轮胎使用寿命

C. 提高制动稳定性　　D. 制动时出现甩尾

9. 在电磁式车轮转速传感器中，当齿圈上某个齿的齿顶与传感器的磁极端部对准时，穿过线圈的磁通（　　）。

A. 最小　　B. 最大　　C. 不变　　D. 以上都不对

10.（ ）是湿式离合器的缺点。

A. 散热效果差　　B. 摩擦力不足

C. 转矩输出受限　　D. 燃油经济性差

11. 在双离合变速器控制系统中，起到制动开关作用的是（ ）。

A. 解除换挡杆锁止　　B. 制动车辆

C. 锁止换挡杆　　D. 控制升挡

12. 无级变速器的“D”挡是指（ ）。

A. 前进挡　　B. 倒车挡　　C. 空挡　　D. 驻车挡

13. 当（ ）时，可以清除胎压警告灯。

A. 轮胎气压过低　　B. 使用备用轮胎

C. 轮胎气压正常　　D. 装上防滑链条

14. 胎压监控系统中有（ ）个轮胎压力监控天线。

A. 1　　B. 2　　C. 3　　D. 4

15. 汽车自动空调控制单元在自动调节温度风门开度和鼓风机转速时，还会同步控制（ ）。

A. 风扇转速　　B. 压缩机状态　　C. 出风模式的变化　　D. 发动机转速

16. 自动座椅与普通电动座椅结构相似，不同之处是增加了（ ）。

A. 一组调整电动机　　B. 存储复位开关

C. ECU　　D. 一套电子控制系统

17. 操纵驾驶姿势存储复位开关时，（ ）不会被存储于存储器内。

A. 内后视镜　　B. 倾斜与伸缩转向柱

C. 外后视镜　　D. 安全带的系紧

18. 进入及启动控制单元通过（ ），判断智能钥匙是否在有效范围内，用于开启车门。

A. 车门把手接触传感器　　B. 车外天线

C. 车门控制单元　　D. 车门闭锁单元

19.（ ）即遥控防盗系统控制单元，它是防盗系统的核心和控制中心。

A. 主机　　B. 门控开关　　C. 遥控装置　　D. 感应传感器

20. 碰撞预警系统的工作主要是利用（　　）、图像等传感器来进行监测。

A. 雷达　　B. 摄像机　　C. 车速传感器　　D. 碰撞传感器

三、判断题（每题 1 分，共 15 分）

1. 电源管理控制单元供电电路断路，会导致电源管理控制单元不能工作。（　　）

2. 用故障诊断仪执行燃油泵动作测试，如果低压燃油泵没有运转声音，说明低压燃油泵控制单元及其控制电路有故障。（　　）

3. 点火控制系统是汽油发动机的重要组成部分，负责在初始点火时刻，产生强烈的电火花去点燃压缩后的可燃混合气。（　　）

4. 线性输出型节气门位置传感器比开关量式节气门位置传感器的测量精度要低。（　　）

5. 丰田卡罗拉的前氧传感器故障，会导致无法启动。（　　）

6. 并联式混合动力控制系统的发动机和电机相加，即为总功率。（　　）

7. 车轮轮毂轴承松旷会导致 ABS 故障警告灯偶尔或间歇点亮。（　　）

8. 湿式双离合器变速器散热性能好，但换挡有一定的延迟性。（　　）

9. 车辆在直线上坡或下坡道路上行驶时，上坡或下坡换挡控制功能有助于执行最优换挡。（　　）

10. 胎压监控传感器有一个无线信号发射模块，不一定都要进行 IP 地址匹配。（　　）

11. 当车外温度传感器信号失效时，汽车自动空调空气循环将停止。（　　）

12. 自动座椅是带存储记忆功能的电动座椅。（　　）

13. 如果防盗器识别出是非法钥匙时，无钥匙进入过程立刻停止。（　　）

14. 位于风窗玻璃下的安全指示灯进入点亮状态，标志着安全防盗系统已经开始工作。（　　）

15. ACC 系统对雷达的基本要求为外形体积（特别是天线）较小，适于在汽车上安装。（　　）

四、简答题（共 35 分）

1. 导致燃油压力不足的可能原因有哪些？（5 分）

2. 简述碰撞预警系统的特点。（4 分）

3. 发动机控制模块启动空调压缩机离合器，必须满足哪些条件？（5 分）

4. 电控中央门锁控制系统的典型故障现象有哪些？（5 分）

5. 简述电源管理系统的工作原理。（5 分）

6. 简述电子节气门控制系统的工作原理。（5 分）

7. 混合动力驱动分为哪几类？其特点分别是什么？（6 分）